E. MARTIN REL.

AF242342

8° G
9437
(20)

BIBLIOTHÈQUE NATIONALE
ESTAMPES.

3429

BIBLIOTHÈQUE NATIONALE
R.F.
IMPRIMÉS

Les Sous-Marins

et la Guerre actuelle

G. BLANCHON

Lieutenant de Vaisseau

Les Sous-Marins

et la Guerre actuelle

1915

BLOUD ET GAY, ÉDITEURS

7, Place Saint-Sulpice, PARIS

Tous droits réservés.

Les sous-marins
et la guerre actuelle

Le sous-marin.

Il y a des siècles que l'homme cherche à réaliser
la navigation sous-marine ; mais c'est en France,
il y a une trentaine d'années seulement, que la
solution pratique fut mise au point et c'est aussi
chez nous que les résultats les plus remarquables
ont été obtenus.

Un sous-marin est un bateau destiné à naviguer
entre deux eaux. Les problèmes à résoudre étaient
nombreux et compliqués. Il fallait arriver à notre
époque pour avoir les moyens de triompher des
principales difficultés. La première est de produire un flotteur creux, entièrement étanche et
assez résistant pour protéger les hommes enfer-
més à l'intérieur. On a commencé par donner aux

sous-marins des formes plus ou moins sphériques; mais la nécessité d'un déplacement rapide a conduit à les allonger en cylindres, prenant des formes analogues à celles des poissons. La section du flotteur reste donc sensiblement circulaire. Pour achever de le consolider et pour parer aux accidents qui pourraient résulter de la moindre voie d'eau, on coupe le bâtiment, en travers, par des cloisons étanches (fig. 1).

Cette première difficulté résolue, il en reste une autre, beaucoup plus sérieuse. Il faut que le bateau s'équilibre exactement à la profondeur voulue, sans

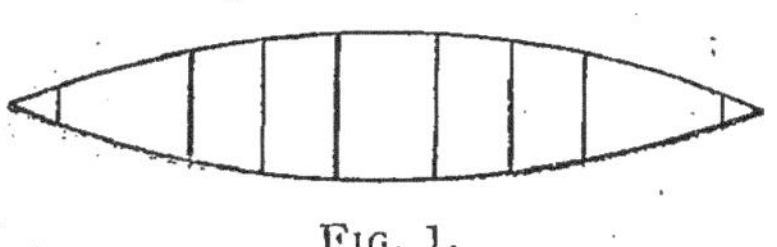

Fig. 1.

remonter à la surface, ni tomber au fond : car, dans le premier cas, il perdrait le bénéfice de l'invisibilité et de l'invulnérabilité qui sont ses avantages propres; dans le second, il descendrait dans des couches d'eau où la pression de plus en plus forte lui imposerait une compression croissante. Celle-ci, le réduisant de volume et diminuant par là sa flottabilité, le ferait descendre sans cesse, jusqu'à ce qu'il fût écrasé par l'énorme pression des profondeurs. L'équilibre entre deux eaux est un équilibre instable, d'autant plus que l'eau elle-même est d'une densité variable.

Il faut donc un appareil régulateur. On en emploie plusieurs simultanément. Le premier consiste dans des caisses à eau, qu'on peut remplir en tout ou en partie avec l'eau extérieure et vider à volonté au moyen d'une chasse d'air comprimé. C'est le principe du ludion qu'on montre dans tous les cabinets de physique.

Ce procédé ne suffirait pas à équilibrer un grand bateau comme nos sous-marins modernes, qui ne sont pas faits non plus pour se tenir immobiles entre deux eaux. La marche en plongée apporte de nouvelles difficultés. Elles ont été résolues par l'emploi de gouvernails horizontaux avant et arrière, et par celui d'ailerons stabilisateurs (fig. 2). On est arrivé à rendre insensible l'inclinaison lon-

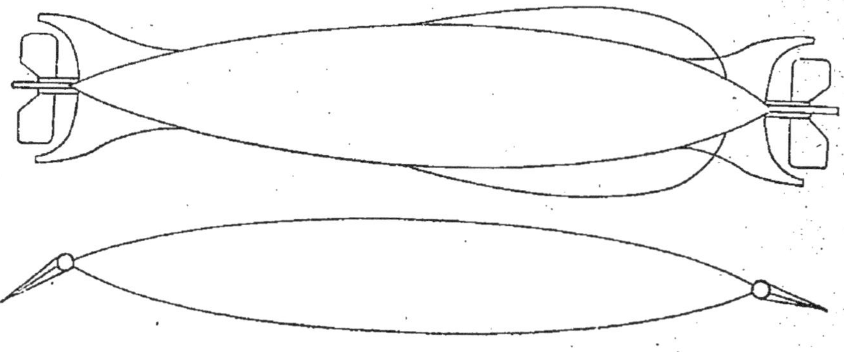

FIG. 2.

gitudinale imputable au déplacement du personnel à bord, au tir des torpilles, etc.

En effet, les sous-marins modernes étant à peu près exclusivement des instruments de guerre, il a fallu les armer d'engins destructeurs. Leur arme essentielle est la torpille, qu'ils lancent, soit au moyen d'un ou plusieurs tubes disposés sur leur avant, soit grâce à des appareils de lancement latéraux qui tiennent des torpilles suspendues à leurs flancs, — et quelquefois par les deux moyens.

Pour que les hommes puissent vivre un temps suffisant dans cette enveloppe hermétiquement close, on emporte une provision d'air comprimé, qui sert aussi, nous l'avons vu, à expulser l'eau des caisses de plongée. On laisse échapper de temps à autre dans l'intérieur du bateau, un peu de cet air frais, et l'on chasse à l'extérieur l'air vicié. Il faut remonter à la surface de temps à autre pour renouveler la provision ; mais nos bateaux actuels peuvent supporter plus de 24 heures de plongée.

Enfin un dispositif est nécessaire pour la vision. Aussitôt né, le sous-marin s'est aperçu qu'il était aveugle, ou du moins très myope ; car l'éclairage de la mer, qui vient uniquement d'en haut, devient vite très faible quand on s'enfonce. Sous une trentaine de mètres, il est difficile de distinguer un rocher à plus de huit mètres de distance. On ne pourrait ni s'arrêter devant un obstacle, ni surveiller et viser un ennemi. On a imaginé un appareil optique appelé périscope. C'est un tube métallique qui dépasse la coque du sous-marin par en haut et peut en être sorti jusqu'à une certaine longueur. Le sous-marin se tenant près de la surface mais en dessous d'elle, c'est-à-dire toujours protégé par une couche d'eau qui peut dépasser quatre mètres, la tête du périscope porte au-dessus des flots un objectif, qui recueille l'image de l'horizon, l'envoie à angle droit, grâce à un prisme, vers le bas, suivant l'axe du tube ; et là, à l'autre bout de celui-ci, dans le poste de commandement, un autre prisme redresseur, permet de recueillir l'image. Ajoutons que l'œil périscopique n'embras-

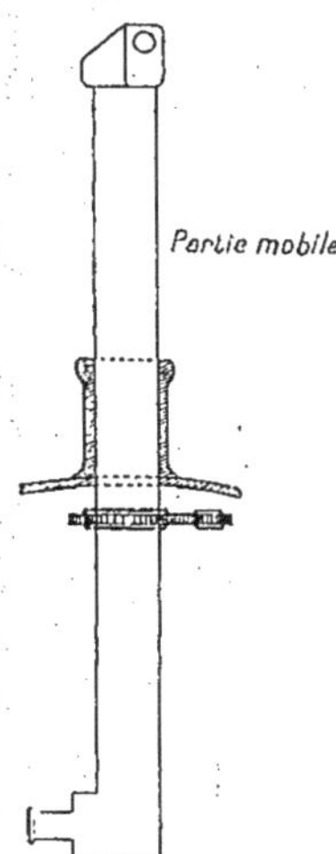

Fig. 3.

sant qu'un huitième de l'horizon, il a fallu qu'on pût le faire tourner autour de l'axe du tube, de façon à balayer tout l'horizon à volonté (fig. 3).

La chambre de commandement où se tient l'observateur, est elle-même en saillie sur la coque. Cette saillie, visible de l'extérieur est ce qu'on appelle le kiosque ou le dôme du sous-marin (fig. 4) ; elle est vitrée, de sorte qu'on peut remonter assez

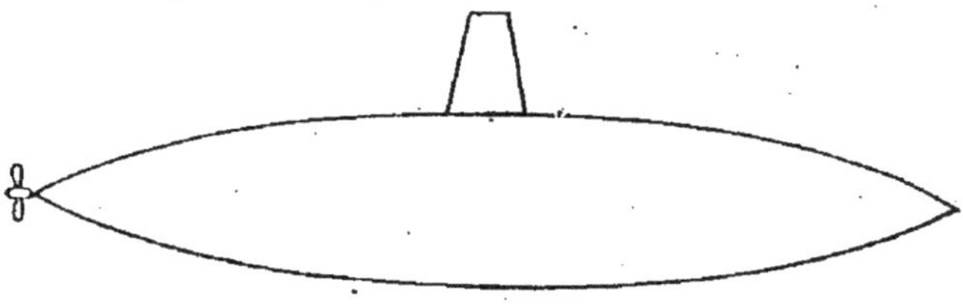

Fig. 4.

près de la surface pour que le commandant ayant la tête au-dessus d'elle, voie directement, sans exposer autre chose que cette étroite lanterne.

*
* *

Les différents types de sous-marins se différencient d'abord par leur flottabilité. D'une façon précise, on donne, chez nous, ce nom au rapport entre le volume émergé pendant la navigation en surface, et le volume total : c'est donc ce qui reste à immerger pour réaliser la plongée ; c'est, si l'on veut, le poids d'eau à admettre dans les caisses de plongée, comparé au déplacement total du bateau quand il est tout entier sous l'eau. On a commencé par faire des sous-marins très faciles à faire plonger, déjà très lourds pour naviguer en surface. Il y avait peu d'eau à admettre ; mais, au-des-

sus des flots, ils s'élevaient mal à la lame. On les
a longtemps appelés les sous-marins proprement
dits, par opposition à ceux inaugurés par M. l'ingénieur Laubeuf et dénommés submersibles, qui
ont une grande flottabilité, c'est-à-dire doivent
absorber beaucoup d'eau. Chez les premiers, le
rapport qui définit la flottabilité avoisine 7 ou
8 p. 100, chez les seconds 30 p. 100. Ceux-ci se
rapprochent des torpilleurs ordinaires, pour les-
quels les résultats du même calcul donnent des
chiffres voisins de 45 p. 100. Ils s'en rapprochent

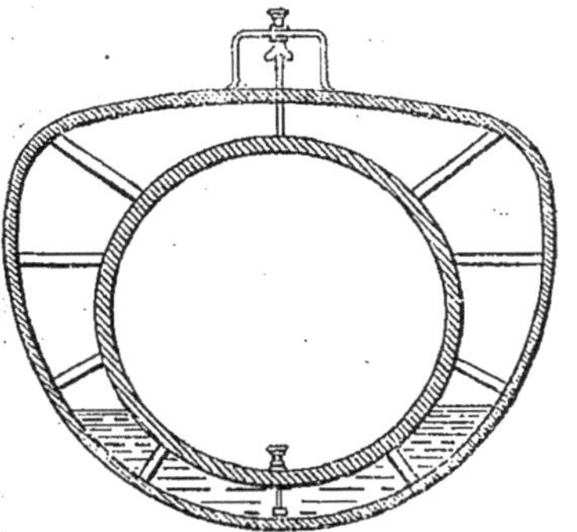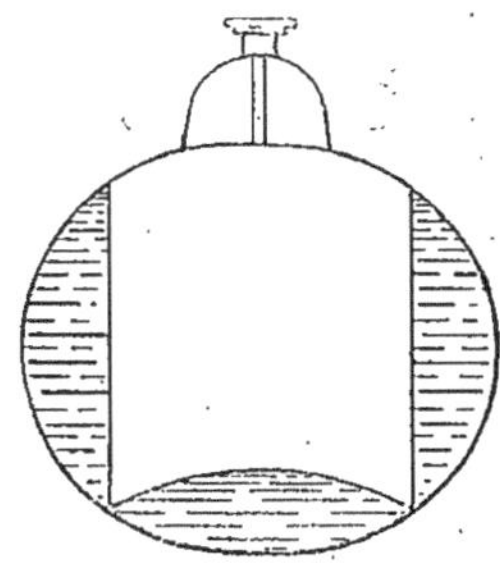

Fig. 5.

aussi par leur bonne tenue à la mer et diverses
qualités qui les font aujourd'hui préférer presque
partout.

Le sous-marin proprement dit, n'ayant que de
petites caisses à eau, les disposait des deux côtés,
au dehors de sa véritable coque, pour éviter cer-
tains accidents. Le submersible repose sur une
conception bien différente ; c'est un bateau à deux
coques, comme deux bateaux l'un dans l'autre
(fig. 5). L'espace compris entre les deux coques,

sorte d'anneau cylindrique entourant le bateau intérieur, forme, dans sa partie basse, le vaste réservoir, le ballast nécessaire à la plongée.

Les deux types se distinguaient encore, originellement, par un autre trait. Les premiers sous-marins n'avaient qu'un moteur; les submersibles en ont tout de suite porté deux. Il était logique, on va le voir, de les leur donner, pour leur permettre d'utiliser leur aptitude à naviguer au large : ils étaient conçus, de par leur principe même, pour une marche autonome et un rôle offensif.

La question du moteur est, en effet, l'une des plus graves qu'ait posées la navigation sous-marine. Un sous-marin doit se mouvoir pour rendre les services qu'on en attend, et se mouvoir le plus vite possible. En surface, il lui faut rechercher et joindre l'ennemi, en plongée l'approcher d'assez près pour lancer la torpille, qui est une arme de près. Joindre un ennemi rapide nécessite une vitesse analogue à la sienne. Or la marche en plongée exige un genre spécial de moteur : la dépense d'énergie doit s'effectuer sans variation de poids et sans déplacement du centre de gravité; elle ne doit dégager aucun gaz délétère à l'intérieur du bateau, ni occasionner à l'extérieur aucun bouillonnement gazeux, qui décélerait la présence du sous-marin. Pour répondre à ces conditions diverses, il n'y a que le moteur électrique alimenté par des accumulateurs. Au début, on s'en contenta. Les accumulateurs étaient chargés au port. Voilà donc le sous-marin assujetti à retourner s'approvisionner auprès d'un fournisseur de courant, chaque fois que sa provision s'épuise. Et cette provision ne peut être très grande. Les accumulateurs les plus légers pèsent lourd; ils sont encombrants De ce chef, le rayon d'action se trouvait fort limité : 3o milles marins (1) de distance franchissable pour le premier *Gustave-Zédé*.

On emporte l'énergie sous une forme et un poids autrement réduits avec la houille ou le pétrole, qu'on trouve partout. Les submersibles, obligés de se contenter du moteur électrique en plongée, eurent un moteur thermique pour la marche en surface. On peut ainsi, quand les accumulateurs sont déchargés, les recharger avec la machine à vapeur ou à pétrole, en faisant agir le moteur électrique à rebours, en lui faisant produire de l'électricité au lieu d'en consommer. Il suffit que le bateau désembraye ses hélices pendant la durée du rechargement. De la sorte, le rayon d'action en plongée se multiplie aux dépens du rayon d'action en surface.

Le système des deux moteurs donnait une difficulté nouvelle pour la plongée : il fallait éteindre la machine à vapeur pour pouvoir s'enfoncer. On le fait en même temps qu'on emplit les ballast de la double coque. On est parvenu à réduire le temps nécessaire à ces opérations et à la disparition du bateau, de 25 à moins de 5 minutes.

* *

L'emploi du sous-marin.

Les premiers sous-marins n'étaient que des armes de défense locale; ils ne pouvaient s'éloigner de leur port d'attache. On est arrivé à les

(1) Le mille marin est de 1.852 mètres.

remplacer presque tous par des bâtiments à grand rayon d'action, destinés à l'offensive en haute mer et sur les côtes ennemies. Mais dans les deux cas leur tactique est la même. Invisibles ou peu visibles selon qu'ils sont en plongée complète ou ne laissent sortir que leur périscope, ils agissent par surprise. Ils se portent sur le théâtre des opérations par la marche en surface, puis ils plongent et s'approchent de l'adversaire en ne laissant dépasser au-dessus de l'eau que leur périscope. Comme celui-ci, de près, est tout de même visible et vulnérable, ils ne le sortent que pendant quelques instants, quand ils approchent davantage. Cela leur suffit pour prendre des repères et continuer leur chemin jusqu'au point où ils pourront lancer leur torpille avec chances de succès. Le plus souvent ils essaient de se poster sur le passage du bateau à torpiller, parce que leur vitesse sous l'eau n'étant pas très grande, ils ne peuvent le rattraper que s'il marche lentement.

L'obligation de se rapprocher à petite distance de leur but, résulte de ce que leur arme, la torpille, est d'un tir trop incertain pour atteindre à coup sûr de loin. Une attaque de sous-marins doit se faire à 200 ou 300 mètres. On tire à bout portant.

Pour garder un secteur déterminé sur la mer, il faut un certain nombre de sous-marins, de façon que chacun d'eux n'ait qu'un petit champ de surveillance et peu de chemin à faire pour se porter sur le trajet de sa proie. La faible hauteur du périscope au-dessus des eaux lui donne un horizon fort restreint. Le sous-marin en plongée ne peut donc apercevoir l'ennemi que dans un cercle de faible rayon. Aussi les flottilles sont-elles le plus souvent accompagnées par des bateaux de surface ayant de plus larges vues : torpilleurs, contre-torpilleurs, croiseurs légers. Cependant, quand il s'agit d'opérer sur une route de navigation bien délimitée, le sous-marin, si myope soit-il, peut aller seul avec plus de chances de réussite.

Bien qu'il ait été fait uniquement pour la lutte contre les gros bateaux, il a été employé aussi à d'autres usages. Pour lui permettre d'écarter les torpilleurs quand il est en surface, on l'a doté, dans ses types les plus nouveaux, d'un ou deux petits canons, qu'enferme un capot étanche, susceptible de s'ouvrir à volonté. Cette arme accessoire a servi, comme on le verra, aux Allemands, à canonner des bateaux de commerce. Ils en ont aussi coulé à coups de torpilles.

*
* *

Contre les sous-marins, les grands bâtiments qu'ils visent disposent de plusieurs moyens de protection. L'un consiste dans la vitesse. Avec tout ce qu'il porte et les complications que lui impose son rôle amphibie, le sous-marin est forcément moins rapide qu'un torpilleur de même tonnage : il ne peut consacrer qu'un moindre poids à sa machine. Ce défaut est encore plus marqué en plongée qu'en surface, parce que les résistances de l'eau y sont plus importantes. Il s'ensuit qu'un navire, chassé par un sous-marin, pourra presque toujours le distancer aisément. Mais, même s'il passe à sa portée, il aura avantage à marcher vite, parce que ce sera une cause d'erreurs notables dans le tir de la torpille.

Les petites unités de flottille ne sont pas justi-
ciables, de cette dernière en général, parce qu'il
faut la régler de façon à lui faire faire son par-
cours à une certaine profondeur au-dessous des
agitations de la surface : elle ne peut donc blesser
que les coques ayant un tirant d'eau de trois à quatre
mètres au moins. C'est pourquoi les torpilleurs et
contre-torpilleurs sont les ennemis les plus redou-
tables du sous-marin. Une escadre qui veut se cou-
vrir de toutes surprises s'entoure d'un rideau de
bâtiments légers. Dès que ceux-ci aperçoivent un
périscope, ils courent sur lui, et le sous-marin,
menacé d'un abordage fatal, est obligé de plonger
en perdant la vue de son but. Les grands bâtiments
eux-mêmes, quand ils le voient à proximité, n'ont
rien de mieux à faire que de foncer en avant, en
présentant leurs formes fuyantes et en le menaçant aussi d'un coup d'éperon.

Beaucoup de cuirassés et de grands croiseurs
sont munis de filets pare-torpilles en acier. Ces
filets, suspendus au bout de mâtereaux, et pliés en
temps ordinaire, peuvent être dépliés en quelques
minutes. Ils enveloppent alors le bateau comme
un voile protecteur où les torpilles viennent s'arrêter à plusieurs mètres de la coque. Seulement,
cette installation, qui serait gênante pour la marche
à grande vitesse, ne se trouve guère utilisable
que dans les rades, ou par de très petites allures.

Enfin, les grosses unités navales ont été rendues
capables de résister sans de trop graves dangers
à l'explosion d'une torpille. La partie de leurs
flancs où elles peuvent être blessées, est divisée
en une multitude de petits compartiments, ren-
forcés en arrière par de véritables cuirasses inté-

rieures. Ainsi l'eau qui s'engouffre par une brèche n'envahit qu'un espace limité.

Malgré tous ces moyens de défense, le cuirassé, on le voit dans cette guerre, a grand'peine à éviter les coups terribles de son ennemi sous-marin. Le mieux qu'il puisse faire, est de ne pas fréquenter les mers resserrées et les zones d'action probable des sous-marins ennemis, et quand il n'opère pas assez au large pour les dépister, de se tenir enfermé dans les ports sous la protection de barrages flottants, jusqu'à l'heure où il sera assuré de rencontrer du moins les escadres ennemies. A ce moment les risques d'une attaque sous-marine n'auront pas disparu, mais ils seront égaux des deux côtés et rentreront dans les chances de la bataille.

* *

Les flottilles des deux partis.

Au moment où la guerre a éclaté, la liste officielle de la flotte française comprenait une soixantaine de sous-marins, la plupart déplaçant environ 400 tonneaux et filant 12 nœuds en surface, les plus nouveaux atteignant 15 nœuds. Quelques unités de 520 à 800 tonneaux en achèvement ou en essais vont jusqu'à 17 nœuds et demi. Ce sont de vrais bateaux d'offensive. Malheureusement, notre politique navale a manqué d'esprit de suite. Au lieu de perfectionner d'une façon continue mais régulière les modèles successifs dont nous avions la pratique, nous avons procédé par soubresauts, avec d'incompréhensibles reculs ; de sorte que nous avons compromis l'avance que nous avions au début.

Les hostilités nous ont surpris dans un instant de transition et un peu démunis, avec 17 unités en chantiers, dont, heureusement un certain nombre pouvaient être achevées rapidement.

Au même moment, l'Angleterre possédait 83 sous-marins dont une soixantaine d'un déplacement inférieur à 350 tonneaux en plongée. La vitesse de ces dernières unités est naturellement faible. Les autres, qui pour la plupart déplacent de 400 à 500 tonneaux en surface et environ 600 en plongée peuvent donner 16 nœuds dans le premier cas et 10 nœuds dans le second. On voit que c'est surtout une flottille défensive.

Dans la flotte russe, nous relevons au total les noms de 32 sous-marins, dont 12 appartenant à la défense navale de Sibérie et 8 stationnant dans la mer Noire. Ces derniers sont les plus nouveaux et les plus grands que possèdent nos alliés. Quatre d'entre eux déplacent de 700 à 750 tonneaux en immersion et filent 15 nœuds en surface. Le reste comprend surtout des unités défensives. Pourtant il y a dans le Nord 5 sous-marins de près de 500 tonneaux filant 15 nœuds.

Quant au Japon, il a en service 13 sous-marins de petite dimension.

Passons à nos ennemis. La marine allemande a fait depuis 1906 de grands efforts pour rattraper son retard initial. Elle a débuté lorsqu'un ingénieur d'origine française, M. d'Equevilley est venu lui apporter des plans étroitement apparentés à ceux de M. Laubeuf de 1899. Depuis lors elle a eu le mérite de développer avec persévérance sa flottille offensive. Jusqu'en 1910, elle s'en tenait aux bateaux d'essai et aux petits bâtiments de défense locale, ne dépassant pas 300 tonneaux, en tout 8 unités. En 1911, elle en fit 8 autres deux fois plus grands. Au moment de la déclaration de guerre elle avait encore ajouté à ces 16 premiers sous-marins 5 ou 6 autres d'un type nouveau atteignant en plongée 800 tonneaux de déplacement avec une vitesse d'une douzaine de nœuds et filant 16 ou 17 nœuds en surface. Elle en avait d'autres en chantiers et 4 ou 5 de ceux-ci ont pu être mis en service depuis lors.

L'Autriche, au début de 1914 était en possession de 6 sous-marins, tous de petite taille et de faible capacité offensive. Elle en avait commandé en outre 6 aux chantiers allemands. Deux ou trois d'entre eux ont pu lui être livrés depuis le commencement des hostilités. Ce seraient des unités de dimensions analogues à celles construites pour l'Allemagne ces derniers temps.

Reste la Turquie, qui ne possédait point de sous-marins. On a prétendu qu'au mois de novembre les Allemands lui en avaient expédié deux, qui auraient été transportés pièce par pièce à Constantinople et remontés dans les chantiers de Nagara par un personnel allemand.

Si l'on en croit les statistiques établies au mois de février, la marine allemande aurait perdu 5 ou 7 et peut être 9 sous-marins et la marine anglaise 2. Pour nous, on va voir que 2 des nôtres aussi ont dû être coulés au moment de réussir leur attaque audacieuse, mais que leurs équipages sont saufs.

Voilà donc les effectifs des forces sous-marines qui opèrent des deux côtés. La comparaison qu'on peut en faire doit tenir compte de ce que le sous-marin ne s'oppose pas au sous-marin. Aucun d'eux n'a les moyens de découvrir ni de combattre ses similaires. De sorte que la possession d'une flottille sous-marine supérieure en nombre ou en force n'assurera pas à l'un des partis la possession des mers. L'ennemi du sous-marin étant plutôt le contre-torpilleur, c'est à la flottille de surface du parti opposé qu'il faudrait comparer les effectifs sous-marins de chaque parti. A cet égard nous avons, grâce à la flotte anglaise surtout, un avantage considérable.

Pour estimer ce qu'on peut attendre du sous-marin, il faut savoir que le rayon d'action des petites unités défensives est très limité. Les autres, au contraire, peuvent aller croiser assez loin de leur base. Cela tient non seulement à la provision de charbon qu'elles emportent, mais au confortable relatif qu'y trouvent les hommes; car la fatigue du personnel a été pendant longtemps le principal obstacle aux longues sorties. Notre *Archimède* a fait une traversée de 1.400 milles marins sans escales, en cinq jours, notre *Faraday* une de 1.730 milles. Les grands sous-marins actuels ont plus de 2.000 milles de rayon d'action.

Or, de Cherbourg à Wilhelmshaven il n'y a que 476 milles, de Cherbourg à Copenhague 834; Toulon n'est qu'à 405 milles d'Alger, à 450 de Bizerte, à 549 de Messine, à 1.043 du Pirée, à 1.184 de Trieste. Les mers étroites où se déploie la guerre sont couvertes par les expéditions sous-marines des belligérants.

*, *

Les faits de guerre.

On ne connaîtra qu'après la guerre le rôle joué par les sous-marins au cours de ces longs mois de surveillance incessante. Les entreprises qu'ils ont pu tenter, ne parviennent aux oreilles du public que lorsqu'elles ont amené un résultat retentissant, triomphe ou catastrophe. Bornons-nous à rappeler les principaux faits.

Le premier qui ait été signalé remonte au 12 août. Ce jour-là, l'escadre anglaise, qui tenait la mer, est attaquée par un groupe de sous-marins allemands. Suivant le récit publié par le *Scotsman*, la flottille assaillante approchait en ne montrant que ses périscopes. L'escadre continua comme si elle n'avait rien aperçu et à toute vitesse. Quand le premier périscope se trouva à bonne portée de canon, — évidemment pour la petite artillerie à tir rapide, — le navire de tête fit feu et le mit aussitôt en miettes. Le sous-marin aveuglé, et peut-être atteint d'une voie d'eau, parut à la surface. Une seconde décharge, démolissant sa partie supérieure, le fit couler comme une pierre.

Le 5 septembre se place un événement dont on ne sait s'il faut l'attribuer à un sous-marin ou à une mine. Le *Pathfinder*, croiseur-éclaireur anglais de 2.940 tonneaux, monté par 286 hommes, coulait en quatre minutes, à la suite d'une explosion. Il y eut 246 victimes. Cela se passait dans la mer du Nord.

Aux environs de la même date on peut relever deux traits pittoresques de cette guerre nouvelle.

Le premier est rapporté dans une lettre écrite au *Morning Post* par un lieutenant de vaisseau du *Defender*. Ce destroyer, ayant coulé un bâtiment ennemi, mit à l'eau une baleinière pour repêcher les survivants. Avant qu'elle pût rejoindre le bateau, un croiseur allemand survint qui donna la chasse au *Defender*. La baleinière, abandonnée sans provisions, à 25 milles de la terre la plus proche, qui était allemande, se trouvait dans une position critique, en plein brouillard et environnée d'ennemis, quand un bruissement se fit entendre tout près d'elle. Le sous-marin anglais *E-4* émergeant, ouvrit son capot, prit l'équipage de la petite embarcation, se referma et s'enfonça sous les eaux, ramenant tout le monde en Angleterre.

Peu après, un de ses frères revenait en rade de Harwich, ayant à bord un lieutenant de la marine allemande et un mécanicien faits prisonniers en mer, où on les avait trouvés cramponnés à un hydroplane. Après avoir pris les bombes que portait l'hydroplane, le sous-marin l'avait coulé.

On apprenait le 15 septembre, par une dépêche officielle de Berlin, que le croiseur léger allemand *Hela* avait été détruit le 13 par une torpille. Nous n'avons sur cette affaire qu'une autre information officieuse disant que cette torpille avait été lancée par un sous-marin anglais. Le petit croiseur *Hela*, de 2.020 tonneaux seulement était fort ancien : il datait de 1895. Néanmoins, il rendait encore des services ; il était affecté à l'escadre de haute mer comme bâtiment de corvée. Son équipage comprenait 178 hommes.

Quelques jours plus tard avait lieu l'action la plus retentissante peut-être de la guerre sous-ma rine. C'était le 22 septembre. Les trois croiseurs cuirassés anglais *Aboukir*, *Hogue* et *Cressy* faisaient patrouille dans la mer du Nord, accompagnés par une escadrille de contre-torpilleurs. Ils suivaient, on peut du moins l'inférer des renseignements anglais, un trajèt quotidien qui avait pu être repéré par les Allemands depuis plusieurs jours. De bon matin, vers 6 heures, ils envoient leur escadrille en avant, et c'est dans l'après-midi seulement qu'ils doivent en retrouver une autre qui les escortera jusqu'à leur rentrée. Vers 6 heures et demie du matin, ils aperçoivent des chalutiers portant pavillon hollandais et dont l'un au moins a une attitude douteuse : il semble occupé à mouiller des mines sous-marines. La division anglaise s'en approche et le canonne. Elle est en marche en ligne de front, à sept nœuds seulement. A ce moment une explosion se produit contre la coque de l'*Aboukir*. On suppose aussitôt qu'il a rencontré une mine sous-marine, et ses deux conserves s'approchent de lui, en mettant leurs canots à la mer. Mais presque dans le même instant, le *Hogue* est frappé à son tour. Il disparaît en cinq minutes, l'*Aboukir* quelques minutes après lui. En même temps on aperçoit des périscopes. La plupart des récits en comptent au moins cinq et les autres douze. Cependant le *Cressy* continue à tenter le sauvetage des marins. L'Amirauté britannique a relevé l'imprudence de cet acte d'humanité. Dès la première explosion, le strict devoir militaire des deux bateaux restants était de s'éloigner à toute vitesse pour se mettre hors de portée des torpilles. Leur mouvement généreux, en les portant au contraire au danger, devait rendre le désastre complet. Pour débarquer ses canots de sauvetage, le *Cressy*, qui s'offrait ainsi aux coups, se mettait dans l'impossibilité de croiser ses filets Bullivant.

Les embarcations, à la mer, il fit tête à l'ennemi et se défendit avec ses canons. Mais il restait dans un cercle étroit autour du lieu du sinistre. Malgré le feu de ses pièces, il finit par être torpillé à son tour. Trois torpilles l'avaient manqué ; leur tir était mauvais, disent les spectateurs. Mais un sous-marin put approcher à cent mètres et atteignit le croiseur, qui se coucha sur un flanc et ne put plus faire usage de son artillerie. Enfin, trois quarts d'heure plus tard, frappé une seconde fois il coulait, démuni de ses embarcations. Un communiqué allemand, publié seulement le 15 octobre par le *New-York Herald* a reproduit un rapport du commandant du sous-marin *U-9*, d'après lequel toute cette opération aurait été accomplie par ce seul petit bâtiment. Ce récit, en contradiction assez nette avec ceux de quelques-uns des marins anglais, ne doit peut-être, pour le moment, être admis que sous bénéfice d'inventaire. Il signale que le *Cressy*, tout en prenant ses dispositions de combat, sembla plus désireux de secourir les marins en train de se noyer que de se sauver lui-même. Cependant, pour dérouter l'adversaire, il marchait en zigzag. Quand il fut atteint, une de ses chaudières explosa et il se retourna. Le commandant allemand ajoute que la poursuite des destroyers anglais accourus à la rescousse resta sans effet. Les canonniers anglais avaient cru couler deux sous-marins.

Les trois croiseurs cuirassés qui venaient de disparaître si malheureusement étaient les plus

anciens de la flotte anglaise. Ils dataient de 1899
et de 1900 et appartenaient au même type déplaçant 12.000 tonneaux. C'étaient donc de grands
bateaux, mais fort démodés et d'une valeur militaire assez faible. C'est pourquoi l'Amirauté les
avait choisis pour ce rôle de patrouille. La perte
la plus sensible était celle du personnel : chacun
des bateaux portait 750 hommes, dont les deux tiers
disparurent.

Cette désastreuse affaire devait servir de leçon
à la marine britannique : celle-ci a eu d'autres
malheurs, mais elle n'a plus commis les imprudences du début. Peu de temps après le désastre
qui vient d'être raconté, un de ses sous-marins
montrait qu'elle ne laissait pas à ceux de l'ennemi
le privilège de l'activité et du succès. Le 6 octobre,
à 11 heures du matin, le sous-marin anglais *N° 9*
apercevait un contre-torpilleur allemand croisant
à environ 1.200 mètres au nord-est de l'île Schiermonnikoog, au nord de la Hollande, non loin de
l'estuaire de l'Ems. Le temps clair permettait de
bien voir les mouvements du navire. Une torpille
anglaise vint le frapper à l'avant; il s'inclina et disparut en trois minutes.

On n'apprit que postérieurement un succès allemand qui remontait au 28 septembre et qui se
place dans la Baltique. La veille, des sous-marins
ennemis avaient été signalés par la flotte russe et
l'un d'eux avait attaqué vainement le croiseur *Amiral-Makaroff*. Le *Bayan* et la *Pallada* montaient
la garde dans la même région, quand, le 28, vers
2 heures de l'après-midi, ils subirent le feu des torpilles. La *Pallada* fut touchée et coula rapidement
avec tout son équipage. C'était un croiseur cui-

rassé de 7.800 tonneaux, lancé en 1906 et portant 573 hommes.

D'après le journal *Scotsman*, le bureau anglais de la Presse aurait signalé au milieu du mois d'octobre, sans le confirmer, un rapport indiquant qu'un sous-marin allemand aurait été coulé le 10 au large de la côte orientale d'Écosse. Depuis quelques jours on se doutait de sa présence à cette grande distance de sa base. Il avait à trois reprises lancé des torpilles sur des vaisseaux en patrouille le long de la côte. Sa fin donna lieu à une scène pittoresque dont purent être témoins de nombreux spectateurs placés à terre. Poursuivi, le sous-marin fut forcé de monter à la surface et une salve d'artillerie le coula.

Le 17 octobre, le gouvernement britannique publiait le communiqué suivant : « L'Amirauté annonce que le croiseur *Hawke*, de 7.350 tonnes, a été coulé par un sous-marin dans la mer du Nord. Environ 50 hommes ont été sauvés. » Le *Hawke*, lancé en 1891, était l'un des deux plus vieux croiseurs protégés de la flotte anglaise. Il portait 534 hommes.

Signalons que dans l'après-midi du 19 un sous-marin, qui ne marquait pas sa nationalité mais qui devait être allemand, a été vu lançant deux torpilles contre le sous-marin danois *Havmanden* qui naviguait à la surface, battant pavillon danois, dans les eaux internationales, entre la côte nord de Seeland et Kullen (Suède). Heureusement les torpilles ont manqué leur but.

Le 23, l'Amirauté anglaise annonce que le sous-marin *E-3*, très en retard, inspire des craintes. Un télégramme allemand vient bientôt les confirmer en rapportant qu'il a été coulé le 18 dans la mer du Nord.

Relatons seulement pour mémoire les attaques infructueuses des sous-marins allemands, à la même époque et depuis, contre la flottille anglo-française opérant sur la côte belge contre les troupes de terre. Plusieurs fois les marins anglais ont dit les avoir repoussés avec succès, sans qu'il soit possible de savoir si les sous-marins ont reçu des avaries graves. Mais le 26 octobre, on fait savoir officiellement que le contre-torpilleur britannique *Badger* a éperonné et coulé, au large de la côte hollandaise, un sous-marin ennemi, en éprouvant lui-même de légères avaries à la proue.

A la question d'un de ses lecteurs : « Que fait notre marine ? », le *Daily Mail* répondait le 24 octobre : « Nos sous-marins sont au débouché d'Héligoland nuit et jour. Ils sont poursuivis fréquemment par des destroyers allemands pendant des heures. Jusqu'à présent un seul croiseur ennemi s'est risqué à leur portée et par temps de brouillard. Ils ont occupé les eaux de l'ennemi et exploré ses mouillages pendant que le corps expéditionnaire était transporté en France. »

On voit que nos alliés n'étaient pas inactifs. Mais ils portaient la guerre contre les unités militaires adverses. Pendant ce temps, les Allemands, s'enfonçant chaque jour davantage dans leur système d'attentats contre les populations désarmées, s'attaquaient aux vapeurs de commerce et aux transports de réfugiés. Le 26 octobre, arrivaient à Folkestone, sur le *Queen*, deux mille cinq cents Français, hommes, femmes et enfants, pour la plupart paysans du Pas-de-Calais, recueillis en mer alors que le paquebot *Amiral-Ganteaume*, qui les transportait de Calais au Havre, venait de recevoir une torpille ou de heurter une mine. Le fait s'était passé à hauteur de Boulogne. Une trentaine de personnes s'étaient noyées pendant le transbordement. Le bateau avarié put, d'ailleurs, être ramené au port de Boulogne. Le communiqué officiel du ministère de la Marine assure que l'*Amiral-Ganteaume* avait été victime d'un sous-marin.

De Londres, l'Amirauté fait savoir le 1er novembre que le vieux croiseur *Hermès* qui avait été utilisé pour transporter des hydroplanes, vient d'être coulé la veille dans le Pas de Calais alors qu'il revenait de Dunkerque. Presque tout le personnel a été sauvé. L'*Hermès* ne figurait même plus sur la liste de la flotte.

Tandis que les sous-marins allemands s'accoutumaient ainsi peu à peu à pénétrer dans la Manche, ceux de la marine autrichienne se montraient autour de notre flotte dans la Méditerranée. Une lettre d'un matelot du *Waldeck-Rousseau* a été publiée au début de novembre. Elle raconte comment, le 19 octobre, ce bateau, qui dirigeait l'éclairage de l'escadre, fut attaqué simultanément par un aéroplane et par deux sous-marins. L'un de ceux-ci était aperçu par l'avant et l'autre par l'arrière, et ce dernier aurait envoyé deux torpilles sans succès. Si l'on en croit le récit du marin, le périscope aurait été démoli par notre tir.

Le 4 novembre, un combat naval avait lieu au large de Yarmouth, entre une division allemande et des croiseurs légers anglais. Au cours de ce combat, un sous-marin anglais naviguant à la surface, aurait été coulé par une mine ; il n'y a pas eu confirmation officielle de ce fait.

Nous allons jusqu'au 13 novembre sans que les sous-marins fassent parler d'eux. Ce jour-là, la canonnière anglaise *Niger*, de 800 tonnes, employée au service des patrouilles, est coulée à 2 milles de la côte, près de Douvres. On peut sauver presque tout l'équipage. La canonnière était au mouillage, et son personnel en train de déjeuner, il était midi. Le bateau mit environ vingt minutes à s'enfoncer. Des centaines de personnes qui se trouvaient sur la promenade de Deal purent entendre l'explosion et assister à la fin du bateau. Grâce à elles, de nombreuses embarcations parvinrent, malgré la grosse mer, à effectuer le sauvetage. Les journaux anglais crurent pouvoir assurer, quelques jours après, que les deux sous-marins ennemis qui avaient opéré à l'entrée de la Manche précédemment, avaient dû être détruits. L'un aurait sauté au cours d'opérations de balayage, exécutées avec de forts explosifs, et l'autre aurait été éperonné près de la côte belge. C'est sans doute celui qu'un torpilleur français déclare avoir coulé à cette époque.

Nous arrivons à un fait entièrement certain. Le 23 novembre, le sous-marin allemand *U-18* recevait un coup d'éperon d'un croiseur anglais sur la côte nord de l'Ecosse ; il était midi 20. Une heure plus tard, il reparaissait à la surface, ayant hissé le pavillon blanc ; son équipage se réunissait sur le pont, et peu après le bateau coulait. Un seul homme fut noyé, le reste sauvé par le contre-torpilleur anglais *Garry*.

La présence de l'*U-18* à une aussi grande dis-

tance de sa base prouvait la valeur des derniers
types allemands et les progrès accomplis par
leurs équipages. Dans une interview qui a fait du
bruit, l'amiral von Tirpitz a déclaré que la guerre
leur avait beaucoup appris. Nous allons constater,
en effet, les résultats d'une audace croissante. La
guerre sous-marine va s'éloigner du caractère épi-
sodique qu'elle a revêtu jusqu'alors, pour devenir
de plus en plus systématique et de plus en plus
redoutable. On comprendra le prix que l'état-major
allemand attachait à la possession de Calais et de
Dunkerque, dont il eût fait le point de départ de
croisières encore plus aisées et plus continues. Il
paraît indubitable qu'il a utilisé comme base le
port de Zeebrugghe, aboutissement du canal de
Bruges à la mer. Mais les bombardements de la
flotte anglaise, qui ont démoli les portes de l'écluse,
semblent avoir mis une première fois le port hors
d'état de servir à cet usage, et peut-être même
endommagé les sous-marins qui y stationnaient.
On annonce pourtant qu'il en abriterait encore 8
ou 9.

A la fin de novembre, nous voyons donc les
Allemands venir opérer devant le Havre. Le 23,
à 4 heures de l'après-midi, le vapeur anglais
Malachite, qui était en rade, à environ 4 milles et
demie au nord-ouest de la Hève, voit surgir tout
près de lui un sous-marin. Celui-ci ouvre ses pan-
neaux, arbore le pavillon allemand, et son capitaine
déclare à l'équipage du *Malachite* qu'il lui donne
cinq minutes pour évacuer le vapeur, qui va être
coulé. Aussitôt les chaloupes à la mer et les treize
hommes d'équipage dedans, le sous-marin tire
19 coups de canon sur le *Malachite*, qui prend

feu. Les matelots anglais parviennent au Havre à force de rames, vers 9 heures du soir.

Un second fait vient doubler celui-ci. Le 26 vers huit heures du matin, le charbonnier *Primo* a été attaqué de façon identique, par le *U-21*, dans les eaux du cap Antifer. Il a reçu 20 projectiles de 65 millimètres ; mais l'épave, tout en brûlant, a continué à flotter, pendant qu'un autre charbonnier recueillait les naufragés. Dans l'intervalle entre les deux attaques ci-dessus, le *U-21* a été poursuivi par des flottilles de torpilleurs français qui l'ont aperçu le 25 et ont essuyé le feu de trois de ses torpilles sans résultats. De nouveau poursuivi le 28, le *U-21* s'est retiré vers le nord.

Il ne semble pas qu'il faille ajouter foi à une dépêche de Pétrograd annonçant le torpillage du *Kaiser Wilhelm der Grosse* ; et nous sommes conduits au 10 décembre, jour où plusieurs sous-marins firent deux tentatives infructueuses pour forcer l'entrée du port de Douvres. La première eut lieu vers 4 heures et demie du matin et le tir d'un seul obus suffit pour la décourager. La seconde fut exécutée deux heures plus tard et favorisée par la brume. Les batteries de terre et la flottille des torpilleurs tirèrent une centaine de coups de canon. La tentative fut reprise, d'après le *Daily Mail*, le 13, sans plus de succès.

Le 10 aussi, sur la côte hollandaise, le steamer *Colchester* qui quittait Hook-van-Holland, avait été sommé par un sous-marin allemand de s'arrêter. Le capitaine n'hésita pas à se lancer au contraire à toute vitesse en présentant l'arrière et, grâce à une série de zigzags, il échappa sans dommages.

Fort loin de là, au fond de l'Archipel, le 14, le

sous-marin anglais *D-11*, entrant avec une belle audace dans les Dardanelles, malgré les barrages de mines, poussait jusqu'au milieu du détroit, auprès de Nagara, où il coulait le vieux cuirassé turc *Messoudieh*. Ce bateau de 9.120 tonnes, datant de 1874 mais refondu en 1904, portait 640 hommes. Il s'enfonça, dit-on, en cinq minutes. Une centaine d'hommes auraient péri, dont plusieurs officiers allemands. A en croire des dépêches d'Athènes, une autre incursion du même genre, mais moins sensationnelle, aurait eu lieu quelques jours après.

Sur un théâtre voisin, nous avons à signaler les opérations de notre propre flotille. Elles aboutirent malheureusement à la perte de notre sous-marin *Curie*. Celui-ci, qui se trouvait dans la haute Adriatique, put, en suivant un navire autrichien, franchir les champs de mines du canal de Fazana et pénétrer dans la baie de Pola. Le *Curie*, qui rôde autour des cuirassés protégés par un barrage, se trouve pris tout à coup dans les câbles d'acier dont il ne peut se dégager : il a donné dans un filet. Après 6 heures d'efforts impuissants, il est obligé de paraître à la surface; il n'était guère qu'à 10 mètres du grand cuirassé *Viribus Unitis*. L'équipage fut fait prisonnier. Une lettre, publiée par *la Petite Gironde*, raconte une aventure assez analogue d'un autre de nos sous-marins. Mais celui-ci aurait réussi à ne se montrer que peu de temps et à refaire une plongée qui lui permit de s'échapper. Les journaux italiens ont assuré que des cuirassés autrichiens, avaient été torpillés. D'un autre côté, un sous-marin autrichien, posté dans le canal d'Otrante, a pu atteindre un de nos cuirassés sur l'avant. La torpille a fait des avaries limitées qui ont été promptement réparées dans l'arsenal de Malte. Le ministère de la Marine a démenti que ce cuirassé fût le *Courbet*. On a vu depuis que c'était le *Jean-Bart*.

Cependant, dans le Nord, les nouvelles unités hâtivement achevées dans les chantiers allemands poursuivaient l'occupation de la Manche. Le matin du 1er janvier, le cuirassé anglais *Formidable* longeant la côte britannique en vue de Star-Point, à l'est de Plymouth, reçut une torpille à l'arrière vers les soutes à munitions. Il se renversa lentement à tribord et disparut en trois quarts d'heure environ. Les deux tiers de l'équipage périrent. Le *Formidable* datait de 1899, c'était un bateau de 15.000 tonnes portant 775 hommes.

Il faut ensuite sauter au 21 janvier. A 1 heure 30 de l'après-midi, le vapeur *Durward* aperçut le *U-19*. Le bateau n'était pas assez rapide pour filer plus de 12 nœuds, il ne put se distancer. Sommé de s'arrêter, il mit un canot à la mer pour accoster le sous-marin. On lui donna dix minutes pour débarquer ses hommes, avec l'ordre de faire ouvrir les valves de sûreté pour couler le vapeur. Comme le capitaine demandait à emporter ses vêtements, le second du sous-marin lui dit : « Je regrette, mon vieux, mais c'est impossible. C'est embêtant, je le sais. J'ai été moi aussi dans la marine marchande ; j'ai appartenu au Nordeutsche Lloyd. Maintenant je travaille un peu pour le pays. » Toutefois, après avoir déposé des bombes dans le fond du *Durward*, les Allemands eurent l'humanité de remorquer les survivants jusqu'à quelque distance de la côte hollandaise.

Au cours d'une tentative hardie, nous perdions

le 17 janvier le sous-marin *Saphir*. Il avait réussi à pénétrer dans les Dardanelles jusqu'à hauteur de Nagara. Obligé de plonger profondément pour éviter les lignes de torpilles turques, il heurta une roche du fond et se fit des avaries graves. Grâce au sang-froid et à l'habileté de son commandant, le lieutenant de vaisseau Fournier, il put remonter à la surface et débarquer ses 14 hommes d'équipage. Quant au commandant, il refusa d'abandonner son bateau et disparut avec lui.

Le 26 janvier, on assurait de Malmoë, que la canonnière allemande *Gazelle* avait été torpillée la veille par un sous-marin inconnu, près de l'île de Rugen. Trois jours après, le 29, on donne avis officiel de Pétrograd qu'un sous-marin russe a coulé un torpilleur allemand au large du cap Moën (Danemark).

La guerre nouvelle.

Nous voici arrivés à la dernière phase de la guerre sous-marine. Avant d'être formulée, comme nous allons le voir, elle a été inaugurée par les actions du 30 janvier et du 1ᵉʳ février dans la Manche et la mer d'Irlande. Le 30, des sous-marins allemands torpillent sans avis préalable deux navires de commerce anglais, dans le voisinage du Havre : ce sont le *Tako-Maru* et l'*Icaria*. Le premier passait à 8 milles au nord-ouest du cap de la Hève quand, à 8 h. 50 du matin, une explosion inopinée se produisit à l'avant. Le capitaine fit évacuer les 57 hommes de l'équipage, qui furent recueillis par un chalutier éloigné seulement d'une centaine de mètres au moment de l'explosion. L'*Icaria*, attaqué dans les mêmes conditions à une heure de l'après-midi, put être remorqué au Havre. Aucune sommation n'avait été faite dans l'un ni dans l'autre cas.

Dans la mer d'Irlande, les steamers *Ben-Cruachan* et *Linda-Blanche* furent arrêtés le même jour par le *U-21*, qui donna dix minutes aux équipages pour s'éloigner et fit sauter les navires avec des bombes déposées à l'intérieur. Le vapeur *Graphic*, poursuivi, réussit à s'échapper. La chasse dura 20 ou 25 minutes.

Le 30 ou le 31, deux autres vapeurs sont torpillés après avis : le *Bechnonan* à l'ouest de Fleetwood et le *Kilcoan* à l'embouchure de la Mersey. Les marins de ce dernier déclarent que le sous-marin allemand arborait un pavillon blanc et était armé d'un canon. Les deux paquebots *Belfast* et *Leinster*, grâce à leur vitesse, échappèrent à l'ennemi.

Notre ministère de la Marine, à la suite des torpillages sans avis préalable, entièrement contraires au droit international et à l'humanité, avait publié une note de protestation indignée. Il était réduit à en publier une seconde deux jours après, car le même attentat était renouvelé le 1er février à 5 heures du soir à 15 milles du Havre sur le bateau-hôpital anglais *Asturias*. Heureusement celui-ci ne fut pas atteint par la torpille qui lui était destinée. L'*Asturias* est un paquebot de 12.000 tonnes, qui porte les signes distinctifs les plus nets de sa mission hospitalière, conformément à la convention de la Haye du 18 octobre 1907. Il est peint en blanc avec une bande verte et arbore le pavillon blanc à croix rouge ; ces signes extérieurs étaient éclairés. Le secrétaire parlementaire de l'Amirauté, en protestant de son côté, devant la Chambre des Communes, put rappeler, que cette convention de la Haye, qui prescrit de respecter, pendant toute la durée des hostilités, les navires-hôpitaux dont les noms ont été notifiés aux puissances belligérantes, a été solennellement souscrite par nos ennemis d'aujourd'hui, et que le premier nom inscrit sur la liste des adhérents est celui de l'empereur Guillaume.

Enfin, le 4 février, le *Reichs-Anzeiger* allemand publiait le document officiel suivant :

« 1° Les eaux autour de la Grande-Bretagne et de l'Irlande et la Manche tout entière sont, par la présente, déclarées région militaire.

« A partir du 18 février, les navires marchands des nations ennemies seront détruits, même s'il n'est pas toujours possible d'éviter les dangers menaçant leurs équipages et leurs passagers ;

« 2° Les navires neutres courront également du danger dans cette zone militaire, en raison de l'abus des pavillons neutres ordonné par le gouvernement britannique le 31 janvier, et parce que, d'autre part, des accidents ne pouvant pas toujours être empêchés dans les combats navals, les navires neutres pourraient être atteints ;

« 3° La navigation au nord des îles Sthetland et dans la région orientale de la mer du Nord, ainsi que sur une étendue d'au moins trente milles marins le long de la côte hollandaise, ne sera pas exposée à des attaques. »

Il faut remarquer que cette déclaration viole triplement le droit des gens :

1º Le gouvernement allemand heurte tous les principes admis en déclarant région militaire une zone militaire qu'il est incapable d'occuper effectivement ;

2º Il peut saisir, mais non détruire les navires marchands des belligérants ;

3º Il établit pour les neutres une menace sans précédent, leurs navires ayant toute liberté d'après les accords internationaux pour circuler sur les mers.

L'Allemagne, exaspérée par le blocus qui l'étouffe, emploie les moyens les plus barbares pour essayer d'arrêter le commerce anglais et les transports de troupes sur le continent. Mais l'Angleterre ripostera par des mesures appropriées. La réquisition des vivres par les gouvernements germaniques lui permet de considérer celle-ci comme contrebande de guerre. L'indignation causée chez les neutres par la barbarie allemande va contribuer à rendre le blocus tout à fait rigoureux. D'autre part les navires de commerce menacés par les sous-marins ne sont pas sans défense. Nous avons vu les moyens employés en pareil cas par les navires de guerre : l'un d'entre eux est à la portée d'un certain nombre de steamers, c'est l'emploi de la vitesse. En surveillant les périscopes, un navire rapide pourra souvent s'échapper ou foncer sur l'ennemi, avec chance de le détruire ou, en tout cas, de l'obliger à se sauver sans tirer sa torpille. Les bateaux de commerce peuvent aussi franchir les passages les plus dangereux pendant la nuit. On peut enfin les former en convois et les faire escorter par des contre-torpilleurs.

Les raids des grands sous-marins allemands.

comportant plusieurs jours pour aller dans la mer d'Irlande et plusieurs jours pour en revenir, les montrent capables d'accomplir des croisières d'une douzaine de jours sans se ravitailler ni se reposer dans un port. Dans une interview destinée aux journaux américains, l'amiral von Tirpitz avait, dès le mois de novembre, annoncé cette guerre impitoyable au commerce et tâté l'opinion des États-Unis sur ces violations du droit des gens et des intérêts neutres. Il a aussi indiqué, pour corroborer la menace du sous-marin, que celui-ci pouvait exécuter des opérations de longue haleine, grâce à certaines méthodes, notamment en faisant prendre du repos à son équipage pendant la nuit, en plongée. Le bateau serait coulé sur le fond, dans des emplacements choisis de façon à ne pas s'envaser, et resterait plusieurs heures sans mouvements. La chose est possible. Des mers comme la mer du Nord et la Manche s'y prêteraient.

Quoi qu'il en soit, le sous-marin est devenu un instrument redoutable, qui aura fait ses preuves au cours de cette guerre, et qui les fait chaque jour davantage. Si, contre les navires de guerre, son action trouve des limites naturelles dans les facultés offensives et défensives des autres types, lesquelles peuvent se développer dans une certaine mesure, il est assuré d'une proie plus facile en s'attaquant aux navires de commerce; et de ce côté-là, la guerre nouvelle n'a pas encore développé ses conséquences. Nous assistons donc à une expérience de la plus haute importance. Si l'emploi du sous-marin devait permettre à une nation quelconque, le jour où elle le voudrait, d'arrêter impunément et de façon complète le trafic maritime dans une partie des mers ; si ni les sanctions du droit international, ni la résistance armée des inté-ressés ne parvenaient à rendre impossibles ces interruptions de vie économique arbitraires et inhumaines, la civilisation risquerait de se voir plus d'une fois menacée dans l'un des éléments nécessaires de son développement, à savoir dans le progrès des échanges intercontinentaux. Nous n'en sommes pas encore là, mais ce peut être la question de demain.

TABLE DES MATIÈRES

Le sous-marin. 5

L'emploi du sous-marin. 12

Les flottilles des deux partis 16

Les faits de guerre. 20

La guerre nouvelle. 33

3973. — Imprimerie spéciale de la Librairie BLOUD et GAY.

www.ingramcontent.com/pod-product-compliance
Lightning Source LLC
Chambersburg PA
CBHW061328050726
47595CB00005B/1826